BEI GRIN MACHT SICH IHR WISSEN BEZAHLT

- Wir veröffentlichen Ihre Hausarbeit,
  Bachelor- und Masterarbeit

- Ihr eigenes eBook und Buch -
  weltweit in allen wichtigen Shops

- Verdienen Sie an jedem Verkauf

Jetzt bei www.GRIN.com hochladen und kostenlos publizieren

Bibliografische Information der Deutschen Nationalbibliothek:

Die Deutsche Bibliothek verzeichnet diese Publikation in der Deutschen National-bibliografie; detaillierte bibliografische Daten sind im Internet über http://dnb.d-nb.de/ abrufbar.

Impressum:

Copyright © 2017 GRIN Verlag, Open Publishing GmbH
Druck und Bindung: Books on Demand GmbH, Norderstedt Germany
ISBN: 9783668537293

Dieses Buch bei GRIN:

http://www.grin.com/de/e-book/376179/psychologie-des-gesundheitsverhaltens-der-begriff-der-selbstwirksamkeitserwartung

Anonym

Psychologie des Gesundheitsverhaltens. Der Begriff der Selbstwirksamkeitserwartung und eine Studie zum Gesundheitsverhalten als Beispiel

GRIN Verlag

GRIN - Your knowledge has value

Der GRIN Verlag publiziert seit 1998 wissenschaftliche Arbeiten von Studenten, Hochschullehrern und anderen Akademikern als eBook und gedrucktes Buch. Die Verlagswebsite www.grin.com ist die ideale Plattform zur Veröffentlichung von Hausarbeiten, Abschlussarbeiten, wissenschaftlichen Aufsätzen, Dissertationen und Fachbüchern.

Besuchen Sie uns im Internet:

http://www.grin.com/

http://www.facebook.com/grincom

http://www.twitter.com/grin_com

Psychologie des Gesundheitsverhaltens

Inhaltsverzeichnis

1 Selbstwirksamkeitserwartung

1.1 Definition des Begriffs „Selbstwirksamkeitserwartung"

Bandura beschreibt die Selbstwirksamkeitserwartung (/Kompetenzerwartung) als eine persönliche Ressource. Sie ist die subjektive Einschätzung einer Person, die nötigen Fähigkeiten zu besitzen, um bestimmte Handlungen durchzuführen oder bestimmte Umstände bewältigen zu können (Franken, 2010, S. 132).

Je stärker die Selbstwirksamkeitserwartung ausgeprägt ist, desto höher ist die Wahrscheinlichkeit, dass Menschen nach neuen Anforderungen suchen, zudem steigert sie die Einsatzbereitschaft und Anstrengung in einer bestimmten Situation (Pieter, 2016, S. 141).

Die Kompetenzerwartung setzt vor einer Handlung an und kann im Wesentlichen durch direkte erfolgreiche Anforderungsbewältigung (direkte Erfahrung), stellvertretende Erfahrung durch Beobachtung einer Modellperson (indirekte Erfahrung), Mitteilung anderer Personen über die eigene Kompetenz (symbolische Erfahrung) oder durch physiologische Körperprozesse, wie z.B. Adrenalinausstoß und das damit verbundene Gefühl, welches als Signal der Eigenkompetenz gewertet wird (Gefühlserregungen) gewonnen werden (Pieter, 2016, S. 138 f.).

1.2 Spezifische Selbstwirksamkeitserwartung zum Thema „gesunde Ernährung"

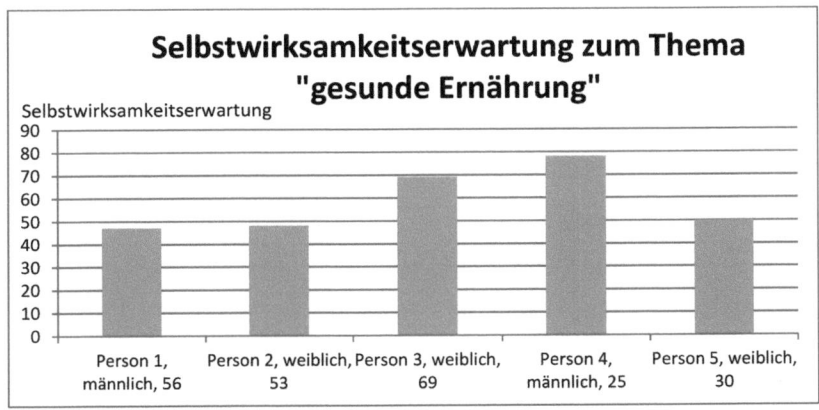

Abb. 1: Auswertung Messung Selbstwirksamkeitserwartung zu gesunder Ernährung

Die individuellen Ergebnisse der Teilnehmer ergeben sich durch die Auswertung einer Skala zur spezifischen Selbstwirksamkeit (der gesunden Ernährung) mit 18 Aussagen und 5 Antwortmöglichkeiten (abgestuft von „ganz sicher" (Testwert 5) bis „gar nicht sicher" (Testwert 1)). Das Summieren aller 18 Antworten ergibt hierbei einen Score zwischen 18 und 90. Je höher der Score, desto höher ist die Selbstwirksamkeitserwartung.

Befragt wurden 5 Personen (2 weibliche und 3 männliche) aus dem beruflichen Umfeld (Kunden). Jede Person geht zusätzlich zu den Trainingseinheiten in unserem EMS-Studio noch mindestens einer weiteren Sportart nach. Die Altersspanne reicht von 27-55 Jahren. Der durchschnittliche Score dieser Personen beträgt 58,4. Es gibt hierbei keine alters- oder geschlechtsspezifische Differenzen.

Die Personen 3 und 4 weisen einen etwas höheren Score auf. Auf Nachfrage stellte sich heraus, dass sie bereits persönliche Erfahrungen mit Gewichtsreduktionen durch eine Ernährungsumstellung gewonnen haben.

Die Selbstwirksamkeitserwartung zu gesunder Ernährung liegt bei den befragten Personen im gehobenen Bereich, was vielleicht mit einem „gesunden" Lebensstil durch den Sport einhergeht. Bei den beiden Personen, die aufgrund „gesünderer" Ernährung ihr Gewicht reduzieren konnten, ist die Selbstwirksamkeitserwartung zu gesunder Ernährung allgemein höher (durchschnittlich 15,1 höher als der Gesamtdurchschnitt). Es sticht außerdem heraus, dass bei allen Befragten in emotional schwierigen Situationen die Selbstwirksamkeitserwartung etwas niedriger ist, als in anderen Situationen.

Das Ergebnis ist allerdings aufgrund der geringen Teilnehmerzahl nicht repräsentativ und ist deshalb auch nicht übertragbar.

1.3 Darstellung zweier Studien zum Thema Selbstwirksamkeitserwartung

Tab. 1: Zwei Studien im Vergleich

	Dohnke et al. (2006)	Schneider & Rief (2007)
Fragestellungen Fragestellungen	1. Hängen hohe Selbstwirksamkeits- und positive Ergebniserwartungen mit besseren Reha Ergebnissen zusammen?	1. Führen Therapieerfolge in Schmerzbewältigung und Beeinträchtigung zur Steigerung der

	2. Sind Ergebniserwartungen umso positiver und Selbstwirksamkeitserwartung umso höher, je besser der körperliche Gesundheitszustand und höher das emotionale Wohlbefinden ist und wenn bereits behandlungsbezogene Erfahrungen vorliegen?	Selbstwirksamkeitserwartung? 2. Welchen relativen Beitrag leisten Erfolge in diesen Bereichen?
Stichprobe	• insges. 1065 Patienten, davon 60% Frauen • Durchschnittsalter 64,58 Jahre • Mehrzahl der Personen hatte Hauptdiagnose Hüftarthrose (92%) • Reha Maßnahme begann durchschnittl. 21,56 Tage nach OP und dauerte durchschn. 22,64 Tage	• 316 Patienten mit „anhaltender somatoformer Schmerzstörung" (Rücklaufquote über beide Messzeitpunkte von 93,1%) • Durchschnittsalter 47,9 Jahre • 85,1% weiblich • Durchschn. 38,4 Tage zur stationären Behandlung • Durchschn. 2,6 Diagnosen im Entlassungsbericht • 73,9% d. Nebendiagnose) Störungen d. Kapitel F der ICD-10 (50,6% davon Depressionen) • 26,3% d. Nebendiagnose andere Kapitel, darunter 16,6%
Stichprobe		

		Krankheiten d. Muskelskelettsystems und Bindegewebes • Patienten litten durchschnittlich 8 Jahre unter Schmerzen • 8,9% Stadium 1 • 29,4% Stadium 2 • 61,1% Stadium 3 • Nur knapp über die Hälfte der Patienten war erwerbstätig
Materialien/Test → Genauer nennen, welche Fragebögen und wie!!	Fragebogen bei Rehabeginn, -ende und 6 Monate nach Ende → Wie genau sah der Fragebogen bei beiden Studien aus?	Fragebogen zu psychologischer Routinediagnostik bei Aufnahme und Entlassung
Untersuchungsdesign	• multizentrische Längsschnittstudie zu Rehabilitation nach Hüftgelenkersatz • Durchgeführt in 13 orthopädischen Reha-kliniken • Fragebogen zu Alter, Geschlecht, Schmerzen und eingeschränkte Alltagssituationen, Ergebnis- und Selbstwirksamkeitserwartungen, Depressivität und behandlungsbezogene Er-	• Feldstudie • Fragen zu Selbstwirksamkeitserwartung, Schmerzbewältigungsstrategien, schmerzbedingter- und allgemeinpsychischer Beeinträchtigung • Bei Entlassung zusätzlicher Einsatz von Therapieerfolgratings

Untersuchungs-design	fahrungen sowie ärztl. Angaben zum Gesundheitszustand • 11-stufige, numerische Ratingskalen für drei Belastungsstufen am operierten Hüftgelenk • Erfassung von Einschränkungen bei Ausüben von acht verschiedenen Lebensaktivitäten • Behandlungsergebniserwartungen analog zu Beschwerden zu Rehabeginn • Zur Erfassung beschwerdebezogener Selbstwirksamkeitserwartungen wurde ein spezifisches Maß der Selbstwirksamkeit zur Erfassung des Umgangs mit dem Hüftgelenkersatz verwendet	• Analysen der Studie durch Strukturgleichungsmodelle im Rahmen konfirmatorischer Pfadanalysen
Hauptergebnisse	• Beide Erwartungstypen umso höher, je besser der körperliche Gesundheitszustand • Selbstwirksamkeitserwartung umso höher, je geringer die Depressivitätswerte • Ergebniserwartungen umso positiver, je höher die Selbstwirksamkeitserwartung	• Verbesserung d. Schmerzbewältigungsstrategien • Reduktion d. schmerzbedingten, allgemeinpsychischen Beeinträchtigung • Direkte Therapieerfolge zu Steigerung

Hauptergebnisse		der Selbstwirksam-keitserwartung • Ungeklärt, ob Reduktion d. schmerzbedingten Beeinträchtigung zu Verbesserung d. allgemeinpsychischen Beeinträchtigung führt, oder umgekehrt → Annahme einer gegenseitigen Beeinflussung

Beide Studien beschäftigen sich mit der Frage, ob eine hohe Selbstwirksamkeitserwartung mit besseren Therapieerfolgen zusammenhängt. Beide Studien kommen zu dem Schluss, dass dies der Fall ist.

In der Studie von Dohnke et al. werden zusätzlich zur subjektiven Einschätzung und zum Empfinden der Patienten auch ärztliche Messwerte berücksichtigt.

Dies ist einerseits ein Vorteil, da man möglicherweise „tatsächliche" Ergebnisse erhält, welche den Gesundheitszustand korrekt einordnen, andererseits sind Schmerzen und psychische Vorgänge nicht anhand ärztlicher Normwertabweichungen messbar.

In der Studie von Schneider und Rief sind viele Patienten neben den Schmerzen auch von psychischen Problemen betroffen, welche in den Ergebnissen berücksichtigt wurden.

Möglicherweise ist ein Zusammenhang zwischen schmerzbedingten Beeinträchtigungen und psychischen Beeinträchtigungen nicht klärbar, da die Anzahl der Teilnehmer zu gering war (immerhin weniger als 1/3 als in der Studie von Dohnke et al.), denn in der Studie von Dohnke et al. ist die Selbstwirksamkeitserwartung umso höher, je besser der körperliche Gesundheitszustand ist und die Selbstwirksamkeitserwartung führte zu besseren Therapieerfolgen.

2 Literaturrecherche zum Thema chronische Erkrankungen

2.1 Definition

Als chronische Erkrankung bezeichnet man eine über einen langen Zeitraum anhaltende oder eine schwer- oder unheilbare Krankheit, wegen der ein Erkrankter sich im Normalfall dauerhaft in ärztliche Behandlung begibt (Preusker, 2013).

2.2 Theoretische Grundlagen

Laut den Richtlinien des deutschen Bundesausschusses (2008) besteht eine chronische Erkrankung, wenn eine Dauerbehandlung (seit mindestens einem Jahr, einmal pro Quartal) notwendig ist und zusätzlich dazu entweder eine Einordnung in Pflegestufe 2 oder 3, ein Behinderungsgrad bzw. eine Erwerbsfähigkeitsminderung von 60% oder eine andauernde, nötige medizinische Inanspruchname vorhanden ist.

Beispiele für chronische Erkrankungen sind z.B. Herz-Kreislauf-Erkrankungen, Diabetes Mellitus, Allergien und Krebs.

Aufgrund des Einwirkens von chronischen Krankheiten in körperliche, soziale und psychische Vorgänge eines betroffenen Menschen, nehmen diese einen großen Stellenwert in seinem Leben ein (Strittmatter & Künzler, 2010, S. 6).

Oftmals gibt es bei chronischen Erkrankungen keine Aussicht auf eine Heilung und deshalb wird lediglich versucht, die Lebensqualität und das subjektive Wohlbefinden eines Betroffenen herzustellen oder zu steigern und eine Stabilisierung des Zustands zu erlangen (Rose, 2002, S. 3).

2.3 Entstehung chronischer Krankheiten

Das heute am meisten anerkannte Modell der Entstehung von Krankheiten ist das Risikofaktorenmodell. Die Entstehung dieses Modells erfolgte, als virus- und bakteriell bedingte Krankheiten zum größten Teil von chronisch-degenerativen Krankheiten, z.B. Herz-Kreislauf Erkrankungen verdrängt wurden. Laut dem Risikofaktorenmodell ist das Auftreten einer Erkrankung desto wahrscheinlicher, je mehr verschiedene Risiko bergende

Faktoren vorhanden sind. Zu den Risikofaktoren zählen laut Franzkowiak verhaltens-, lebensstil-, und persönliche Risikofaktoren (Rauchen, ungesunde Ernährung, Bewegungsmangel), nicht verhaltensgebundene Risikofaktoren (Schadstoffbelastung am Arbeitsplatz, Lärmbelästigung im privaten Umfeld), unabänderliche Faktoren (Alter, Geschlecht, genetische Veranlagung), sowie komplexe Faktoren (Lebens- und Arbeitsbedingungen) (Papathanassiou, 2016, S. 16, f.).

Oft entsteht eine chronische Krankheit über lange Zeit hinweg. Erste Symptome steigern sich zu deutlichen Kennzeichen einer chronischen Krankheit. Ein Erkennen dieser Symptome ist oft schwer, da man sie nicht konkret zuordnen kann oder das Wissen über chronische Krankheiten fehlt. Deshalb werden die Anzeichen anderen Quellen, wie Alter oder Stress zugeordnet, Arztbesuche werden gemieden (Schaeffer & Martin, 2008, S. 13, f.).

2.4 Überblick über Zahlen und Daten

Laut dem statistischen Bundesamt sind Chronische Krankheiten für drei Viertel der Todesfälle und ein Viertel der Krankheitskosten in Deutschland verantwortlich. (Hoebel, Lange, & Müters, 2014, S. 1)

Eine Umfrage der GEDA ergab, dass ca. 43% der Frauen und 38% der Männer mindestens unter einer chronischen Erkrankung leiden. Chronische Erkrankungen häufen sich im Alter: Bei Menschen ab dem 65. Lebensjahr ist deutlich über die Hälfte von chronischen Krankheiten betroffen. Zudem sind weniger gebildete Menschen häufiger betroffen. Frauen in den nördlichen und südlichen Ostregionen Deutschlands leiden öfter unter chronischen Krankheiten, als Frauen in Bayern. Baden-württembergische Männer liegen unter dem deutschen Durchschnitt, während Männer im nördlichen Osten darüber liegen. Zwischen 2009-2012 hat sich die Prävalenz zu chronischen Erkrankungen bei Frauen kaum geändert, während sie bei Männern leicht anstieg (Hoebel, Lange, & Müters, 2014, S. 1, f.).

2.5 Präventions- und Interventionsprogramme

Wichtig für Prävention ist die Aufklärung und das Wissen über chronische Krankheiten. Der erste Ansatzpunkt ist eine Primärprävention, um eine Krankheitsentstehung zu vermeiden oder reduzieren. Am besten wäre, diese schon während einer Schwangerschaft zu beginnen (z.B. Beratungen oder Vorträge, die in den gynäkologischen Praxen beworben werden. Auch Kinder und Jugendliche in jungem Alter sollten informiert werden. Dies kann z.B. während schulischen Veranstaltungen oder durch Referate der Kinder selbst geschehen. Auch im Erwachsenenalter sollten Fortbildungen durch die Arbeitgeber angeboten werden. Auch Kampagnen in Medien (ähnlich den „rauchfrei"-Kampagnen) sollten auf chronische Erkrankungen hinweisen.

In der Sekundärprävention ist eine Früherkennung und Behandlung Thema.

Der wichtigste Schritt allerdings ist, das Bewusstsein für Krankheiten und eventuelle Risikofaktorensenkungen zu wecken und zu stärken. Nur so kann Compliance zur Verhaltensänderung geweckt werden (Pieter, 2016, S. 206).

Auf psychologischer Ebene wichtig sind laut Mittag individuelle Interventionen, die Hervorhebung eigener Vorteile und Kompetenzen, Verstärkerpläne und konstante Belohnungen jeder einzelnen Stufe bis zum Ziel des angestrebten Verhaltens (Pieter, 2016).

Mittlerweile gibt es einige Präventions- und Interventionsprogramme auf psychologischer Ebene, zum Beispiel zu den Funktionen des Körpers (u.a. zu gesundheitsförderlichen Verhaltensweisen), Aktivitäten der Personen (z.B. Verhalten in Entscheidungsfragen) und Partizipationen der Umwelt (z.B. Selbstsicherheits- und Kompetenztraining) (Strittmatter & Künzler, 2010, S. 6,f.).

2.6 Konsequenzen für eine gesundheitsorientierte Beratung

Mit den gesammelten Grundlagen und Informationen ist eine interessante und gesundheitsorientierte Beratung möglich ist. Man kann die verschiedenen Einflüsse auf die Gesundheit erklären und somit positiv darauf einwirken. Am wichtigsten ist es, das Bewusstsein im Kunden zu wecken, für chronische Erkrankungen und deren ursächliche Risikofaktoren. Auch die Konsequenzen einer chronischen Erkrankung sollten dem Klienten ins Bewusstsein gerufen werden. Das ganze kann mit gesammelten Daten und Zahlen unterstrichen werden. Zusätzlich ist es möglich, dem Kunden sein bisheriges Verhalten und Änderungsmöglichkeiten vorzulegen.

3 Beratungsgespräch

3.1 Standpunkt des Kunden und Ziele der Beratung

3.1.1 Standpunkt und Einordnung im Prozess der Verhaltensänderung anhand des Fallbeispiels 3 (Frau Wagner – „körperliche Inaktivität")

Da Bewegungsmangel eine gesundheitsgefährdende Verhaltensweise ist, eignet sich das Transtheoretische Modell (TTM) zur Einordnung, Beschreibung und zur Änderung des gesundheitsbezogenen Verhaltens von Frau Wagner.

Die Änderung einer Verhaltensweise durchläuft temporal und qualitativ unterschiedliche Vorgänge, die als „Stufen der Verhaltensänderung" (Schwarzer, 2004, zitiert nach Pieter, 2016, S.245) bezeichnet werden. Der Verlauf der Verhaltensänderung findet laut TTM in fünf Stufen statt:

-   1. Absichtslosigkeit: Gesundheitsschädigendes Verhalten wird bewusst, Kunde beabsichtigt noch keine Änderung in den nächsten 6 Monaten
-   2. Absichtsbildung: Bewusstwerden des Problems des schädigenden Verhaltens, eine Änderung wird „innerhalb der nächsten 6 Monate" eingeleitet
-   3. Vorbereitung: Maßnahmen der Verhaltensänderung werden eingeleitet, Nutzen wird höher eingeschätzt als der Aufwand
-   4. Handlung: Gesundheitsschädigendes Verhalten wird aktiv abgebaut und notwendige Veränderungen werden herbeigeführt
-   5. Aufrechterhaltung/Stabilisierung: Zielverhalten erfolgt seit mehr als 6 Monaten stabil (Pieter, 2016, S. 245, ff)

Frau Wagner ist sich dessen bewusst, dass sie sich zu wenig bewegt und sie möchte ihrer Inaktivität entgegenwirken und dieses Verhalten ändern. Dies sind Kennzeichen, die vor Allem der 2. Stufe, der Absichtsbildung zuzuordnen sind. Gleichzeitig befindet sie sich in der Vorbereitungsphase: Sie hat sich schon Gedanken zur Problemlösung gemacht (Spazierengehen), allerdings hat sie entdeckt, dass der überlegte Ansatzpunkt keiner ist, der ihr Spaß macht und deshalb keinen Mehrwert bringt. Auch die Tatsache, dass sie sich zu einem Beratungsgespräch begeben hat, zeigt, dass eine Intention für ein Handeln und eine Einleitung zu einer Situationsveränderung vorhanden ist.

Frau Wagner ist deshalb anhand des TTM zwischen Stufe 2 und 3 einzuordnen.

3.1.2 Ziele im Beratungsverlauf während der Prädezisionalen Phase

In der Prädezisionalen/ Intentionsphase sollten Motive und Beweggründe des Kunden ausgearbeitet, sowie ein Problembewusstsein geschaffen werden. Zudem wird ein Vorsatz/Wunsch oder ein Ziel realisierbar erarbeitet und festgelegt. Je größer der Wunsch und je besser umsetzbar das Handlungsziel ist, desto stärker ist der Anreiz dafür.

Die Prädezisionale Phase ist notwendig und wichtig für eine Willenshandlung und einen letztendlichen Willensentschluss, beschreibt aber nicht den Vorgang selbst.

Eine Fazittendenz führt zu einer Rubikonüberschreitung hin und in die nächste, die präaktionale Phase. Erreicht wird diese nach einer Kosten-Nutzen-Abwägung, wenn der Kunde das Ziel als attraktiv und lohnenswert genug erachtet.

Bestehen mehrere Intentionen, wird die Intention mit der stärksten Fiattendenz ausgewählt. Erst wenn ein konkretes Ziel gesetzt wurde, der Kunde einen emotionalen Anreiz in diesem Ziel feststellen kann und die Intentionsphase abgeschlossen ist, kann eine Verhaltensänderung erfolgen.

Zusammengefasst kann man sagen, das Hauptziel der Intentions- und Zielbildungsphase in einem Beratungsgespräch ist das Überschreiten des Rubikon, also die Verarbeitung eines unverbindlichen Handlungswunsches zu einem verbindlichen Handlungsziel (Pieter, 2016, S. 114, f.).

3.2 Rolle des Beraters und erste Schritte in der Beratung

3.2.1 Rolle und Haltung des Beraters

Der Berater ist ein Unterstützer des Kunden. Er sollte eine „personenzentrierte Haltung" einnehmen, also Hilfe zur Selbsthilfe geben. Konkret bedeutet das: Der Berater legt dem Kunden nicht seine Ideen und vorgefertigte Lösungen vor, sondern ist ihm dabei behilflich, eigene Wege und Ziele auszuarbeiten und zu finden. Bei Bedenken, oder berechtigten Zweifeln, sollte der Berater den Klienten nicht zurechtweisen, sondern versuchen, ihn in die richtige Richtung zu führen, um optimale Entscheidungen zu treffen und ihm so die Möglichkeit lassen, selbst seine Fähigkeiten zu finden und zu verbessern (Pieter, 2016, S. 272, f.).

Ein Rapport wird aufgebaut, indem der Berater überzeugt und viele Fragen stellt, statt dem Kunden eine Meinung aufzudrängen, er nimmt Gedanken und Einfälle auf und wendet sie auch an oder gibt alternative Hilfestellungen und Anregungen. Er zeigt die richtigen Gedanken und Schritte auf, bestärkt und schätzt den Kunden. Er versucht, sich in die Klienten hineinzuversetzen und sie zu verstehen, lobt und gibt für jeden Schritt in die richtige Richtung ein positives Feedback ab. (Pieter, 2016, S. 279, f.)

3.2.2   Kommunikation in der Beratung

Die Kommunikation findet verbal und nonverbal statt. Mit 93% liegt eine größere Bedeutung bei der nonverbalen Kommunikation. Der verbalen Kommunikation wird lediglich eine Relevanz von 7% zugeordnet. Entscheidend ist also, wie wir Informationen vermitteln, nicht welche. (Pieter, 2016, S. 278)

Um die Glaubwürdigkeit zu bewahren sollte auf Standardfloskeln (z.B. „Wie geht's?") verzichtet werden. Auch Fremdwörter sollten nur in Maßen eingesetzt und, wenn notwendig, erläutert werden. Ein positiver Satzbau und aktive, kurze Satzkonstruktionen sind leichter zu verstehen und zu merken (Pieter, 2016, S. 276, f.).

Bei einer Beratung agiert der Berater als Sender (Interviewer) und als Empfänger (Zuhörer). Um möglichst viele Informationen und Wissen über den Klienten zu bekommen, eignen sich offene Fragen hervorragend für das Beratungsgespräch.

Ein weiteres Mittel in der Kommunikation in der Beratung ist das aktive Zuhören. Hier wird das Gehörte wird durch Gesten (z.B. Nicken) anerkannt. Gesprochenes wird durch eigene Worte und Mimik und Gestik reflektiert.

Das aktive Zuhören wird als Zeichen der Aufmerksamkeit und Wertschätzung aufgefasst und kann durch Nachfragen auch Missverständnisse aus dem Weg räumen und die Menge der Informationen eingrenzen (Schlaffke & Plünnecke, 2016, S. 50, f.).

Auch „Pacing" sollte Bestandteil einer Beratung sein. Es beschreibt das Widerspiegeln des Verhaltens des Klienten (z.B. gleiche Körpersprache/-haltung, Mimik, etc.) zum Aufbau eines Rapports, also einem „guten Draht" zueinander (Schlaffke & Plünnecke, 2016, S. 53, f.). Eine Änderung der Körperhaltung des Kunden in die gleiche Körperhaltung, wie die des Beraters, ist ein Zeichen, dass der Kunde sich im Rapport befindet.

Weitere nonverbale Kommunikationsmöglichkeiten ergeben sich z.B. mit einer tiefen, angenehmen Stimmlage, weitgeöffneten Augen, welche Interesse übermitteln und anhaltendem Blickkontakt (Pieter, 2016, S. 274, f.).

3.2.3 Beziehungsebene in der Beratung

Laut Sommer wird durch bewusstes und unbewusstes Herstellen von Gemeinsamkeiten zwischen Menschen („Carpenter- Effekt") die Vertrauens- und Harmonieebene ausgebaut (Pieter, 2016, S. 278, f.).

Auch das „Pacing" und damit das Herbeiführen eines „Rapport" bauen Vertrauen und somit eine Grundlage einer positiven Beziehungsebene beim Kunden auf (Schlaffke & Plünnecke, 2016, S. 54).

Durch eine gute Kommunikation (siehe 3.2.2) und eine entsprechende Haltung des Beraters (siehe 3.2.1) kann die Grundlage erweitert werden, was für eine Beratung sehr wichtig ist, da eine gute Beratung immer eine gute Beziehungsebene zwischen Berater und Klient voraussetzt.

3.3 Gesprächsverlauf mit methodischer Vorgehensweise

Eine gute Vorbereitung oder auch die „Einstimmung" auf das bevorstehende Gespräch, hat an sich nichts mit der Beratung selbst zu tun, hat laut Eckers allerdings 50% Einfluss auf den Erfolg des Gesprächs. Hofbauer und Hellwig differenzieren hierbei auch noch die organisatorische und mentale Vorbereitung (Pieter, 2016, S. 273).

Es sollte genug Zeit für eine organisatorische Planung des Gesprächs berücksichtigt werden, um notwendige Arbeitsmaterialien und Informationen über den Klienten parat zu haben und sich somit unter anderem auch mental besser vorbereiten zu können.

Wichtig ist bei der mentalen Vorbereitung auch, sich selbst in seiner Person wohlzufühlen, Freude und ein Überzeugungsgefühl zum Angebot der Dienstleistung zu haben und eine Empathie zum Kunden entwickeln zu können. Die eigene Selbstsicherheit wird durch Signale des Körpers nach außen übertragen und für den Kunden „sichtbar" (Pieter, 2016, S. 274).

Beim ersten Kontakt sollte der Berater sich und seine Position im Unternehmen Vorstellen und so auch den Namen des potenziellen Klienten herausfinden (Pieter, 2016, S. 275).

Dieser Erstkontakt könnte so aussehen: „Guten Tag, mein Name ist Judyta, ich bin hier im Studio XY Trainerin und auch für Beratungen zuständig. Darf ich Sie nach Ihrem Namen fragen?". Eine Antwort mit Vorname oder mit Nachname ist möglich, diese gibt auch möglichen Aufschluss über die Sympathie.

Schödel weist darauf hin, dass der Erstkontakt extrem wichtig ist, da eine Dienstleistung kein greifbares Gut ist. Der Berater fungiert also als Repräsentant der Dienstleistung und des Unternehmens (Pieter, 2016, S. 274).

Der Beziehungsaufbau kann durch einen direkten Gesprächseinstig oder ein ausführliches Beziehungsgespräch geschehen. Der Vorteil des letzteren ist, dass man viele allgemeine und auch relevante Einblicke in den Kunden gewinnt. Durch Gemeinsamkeiten kann eine Vertrauensbasis aufgebaut werden. Dabei sollten aber Themen über Politik, Religion, Moral etc. vermieden werden (Pieter, 2016, S. 275, f.).

Beispiele für Einstiegsfragen sind: „Haben Sie gut zu uns gefunden?", „Haben sie einen Parkplatz gefunden?" „Sind Sie schon einmal in einem Fitnessstudio gewesen?", „Treiben Sie gerne Sport?", o.ä.

Auch ein direkter Einstieg in das Beratungsgespräch ist möglich. Dieser ist empfehlenswert, wenn der Kunde ein kurzes Gespräch wünscht. Er sollte zielgerichtet an Wünsche, Bedürfnisse und Probleme anknüpfen (Pieter, 2016, S. 276).

Beispielfragen sind hierfür:

„Aus welchem Grund sind Sie heute hier?" und/oder „Wie kann ich Ihnen helfen?".

Meistens kommt dann schon die direkte Antwort darüber, was die Motive sind.

Ich hake dann nach, ob ich mir Informationen zum Gespräch notieren darf, um zu signalisieren, dass ernsthaftes Interesse daran besteht, die Ziele und Wünsche zu erreichen. Zudem kann ich selbst später wieder darauf zurückgreifen.

Mögliche Fragen während der Beratung sind:

➜ zu Beweggründen: „Was führt Sie heute zu uns?" „Welche Wünsche oder Ziele haben Sie? Was ist der Grund dafür?"

Bei Frau Wagner wäre eine mögliche Antwort: „Ich möchte meine inaktive Lebensweise ändern, weiß aber nicht genau wie, denn ich bin viel unterwegs und mehr als Spazierengehen fällt mir nicht ein. Allerdings gehe ich nicht gerne Spazieren und ich suche machbare Alternativen."

➜ Zum Problembewusstsein: „Fühlen Sie sich in Ihrem aktuellen Zustand wohl?" „Haben Sie Krankheiten/Schmerzen oder körperliche Einschränkungen?" „Haben Sie schon einmal eine Sportart betrieben? Wann?"

Eine Reaktion darauf könnte sein: „Ich leide unter Bluthochdruck, bin öfter mal müde und abgeschlagen. Eine richtige Krankheit oder Einschränkung habe ich allerdings nicht."

➜ Zur Abwägung (Kosten-Nutzen): „Haben Sie in der Vergangenheit schon einmal positive Erfahrungen mit Sport gemacht?", „Haben Sie Freunde, denen eine aktivere Lebensweise bei Bluthochdruck/Abgeschlagenheit, etc. geholfen hat?", „Welche Vorteile sehen Sie in der Änderung ihres Bewegungsverhaltens?"

Frau Wagner könnte sagen: „Ich habe eine Bekannte, die meinte, sie fühlt sich fitter, seit sie regelmäßig Sport treibt. Außerdem hat mein Arzt gesagt Bewegung könnte mir bei meinem Bluthochdruck helfen."

→ Zur Hilfe bei der Intensionsbildung „Welche schwierigen Situationen haben Sie bereits durchgestanden?", „Haben Sie Bekannte, mit denen Sie gemeinsam zum Sport gehen können?", „Können Sie in ihrem beruflichen Umfeld Unterstützung bekommen?"

Eine Antwortmöglichkeit hierbei: „Naja beruflich habe ich schon einiges geschafft, sportlich noch gar nichts. Ich könnte die bereits erwähnte Freundin mit zum Sport nehmen, die anderen haben aber keine Lust sich zu bewegen."

→ zur Erarbeitung des Verhaltensziels: „Wie oft wollen Sie in der Woche trainieren?", „Zu welcher Tageszeit würden Sie sich am liebsten bewegen?", „Was denken Sie, wird sich ändern, wenn Sie sich mehr bewegen?", „Wie wollen Sie trotz viel Arbeit den Sport umsetzen?"

Hier könnte sie wie folgt reagieren: „Ich möchte mich schon mindestens 2 mal die Woche für ca. eine Stunde bewegen. Am besten wäre Etwas, das ich auch bei Geschäftsreisen ausüben kann."

Nun kann man Nachfragen, ob ihr zum Beispiel ein Yoga- oder Zumbakurs Spaß machen würde und sie sich vorstellen kann, Yoga auch auf Geschäftsreisen im Hotelzimmer auszuüben, oder die Inlineskates einzupacken und eine Runde zu fahren und so die Stadt gleich zu erkunden (als positiver Nebeneffekt und Aufwandsreduzierung).

Werkzeuge der Beratung/zur Überschreitung des Rubikons (Pieter, 2016, S. 284, ff.):

- offene Fragen (-> mehr Informationen)

- informieren/aufklären über Bluthochdruck und daraus mögliche resultierende chronische Krankheiten

-Ressourcen nutzen: Kunde beruflich ehrgeizig -> auf Sport übertragbar?

- Vorteile -> Fitter, nicht mehr so „schlapp", mögliche Senkung des Bluthochdrucks

- Unterstützung durch die Freundin als Sportbegleitung

Sollten die Angebotenen Vorschläge Frau Wagner gefallen, so kann man mit der Zielsetzung bei der SMART-Formel ansetzen, da Frau Wagner sich Ihrer Schwierigkeiten und des Bewegungsmangels bereits bewusst ist und nur noch einen „Schubs in die richtige Richtung" benötigt um anzufangen (nichts vorgeben sondern den Kunden erarbeiten lassen und wenn nötig in die richtige Richtung wirken!) (Pieter, 2016, S. 288, f.)

o Spezifisch: Bewegung in Form von Yoga, Zumba, Inlineskaten,…

o Messbar: mindestens zweimal die Woche für eine Stunde

- Attraktiv: sich wacher, fitter fühlen, Bluthochdruck senken
- Realistisch: Formulierung des Ziels oder Teilziels z.B. erst mindestens eine Stunde Sport pro Woche, später dann mindestens 2
- Terminiert: zum Beispiel zuerst das Teilziel: anfangen mit einmal einer Stunde oder zweimal 30 Minuten, 4 Wochen später dann 1,5 Stunden pro Woche, usw.

Die Erfolge können z.b. durch ein Trainingstagebuch/App gemessen werden und durch Bekräftigung und Lob kann die Selbstwirksamkeit und Motivation weiterzumachen, gestärkt werden

4 Literaturverzeichnis

Franken, U. (2010). *Emotionale Kompetenz - eine Basis für Gesundheit und Gesundheitsförderung.* Norderstedt: Books on Demand GmbH. Zugriff am 08.04.17 über https://books.google.de/books?id=dr4C-Tf78tsC&pg=PA272&dq=selbstwirksamkeitserwartung&hl=de&sa=X&redir_esc=y#v=onepage&q=selbstwirksamkeitserwartung&f=false

Gemeinsamer Bundesausschuss. (19.. Juni 2008). Richtlinie des gemeinsamen Bundesausschusses zur Definition schwerwiegender chronischer Krankheiten im Sinne des § 62 des. *Bundesanzeiger,* S. 3017. Zugriff am 10.04.17 über https://www.g-ba.de/downloads/62-492-278/Chr-RL_2008-06-19.pdf

Hoebel, J., Lange, C., & Müters, S. (2014). *Ergebnisse der Studie »Gesundheit in Deutschland aktuell 2012« - chronisches Kranksein.* Jens Hoebel, Dr. Cornelia Lange, Stephan Müters: Robert-Koch-Institut. Zugriff am 10.04.17 über http://www.rki.de/DE/Content/Gesundheitsmonitoring/Gesundheitsberichterstatt ung/GBEDownloadsF/Geda2012/chronisches_kranksein.pdf?__blob=publicatio nFile

Papathanassiou, V. (2016). *Studienbrief Gesundheitssystem und Prävention (rev. 15.017.000).* Saarbrücken: Deutsche Hochschule für Prävention und Gesundheitsmanagement.

Pieter, A. (2016). *Studienbrief Psychologie des Gesundheitsverhaltens (rev.15.019.000).* Saarbrücken: Deutsche Hochschule für Prävention und Gesundheitsmanagement.

Preusker, U. K. (2013). *Lexikon des deutschen Gesundheitssystems.* (U. K. Preusker, Hrsg.) Heidelberg: medhochzwei Verlag GmbH. Zugriff am 07.04.17 über https://books.google.de/books?id=8gIMzf2sOGkC&pg=PT541&lpg=PT541&dq =definition+chronische+erkrankung+lexikon&source=bl&ots=EgIU3FUj-2&sig=JXBUQ0bX1OBARp5r7HOQHhjnD4c&hl=de&sa=X&ei=PN4u-VIwChsc9n3k&ved=0CCAQ6AEwADgK#v=onepage&q&f=false

Rose, M. (2002). Messung der Lebensqualität bei chronischen Erkrankungen. *Habiliationsschrift.* Zugriff am 06.04.17 über http://edoc.hu-berlin.de/habilitationen/rose-matthias-2003-01-28/PDF/Rose.pdf

Schaeffer, D., & Martin, M. (2008). Überlebensstrategien –ein Phasenmodell zum Charakter des Bewältigungshandelns chronisch Erkrankter. *Pflege&Gesellschaft 13.*, 6-31. Zugriff am 10.04.17 über http://www.dg-pflegewissenschaft.de/pdf/0801-Schaeffer.pdf

Schlaffke, W., & Plünnecke, A. (2016). *Studienbrief Beratungs- und Servicemanagement (rev.15.018.000).* Saarbrücken: Deutsche Hochschule für Prävention und Gesundheitsmanagement.

Strittmatter, R., & Künzler, A. (2010). Auffangnetz in der neuen Realität. *DOSSIER: Gesundheit und Prävention,* 6-7. Zugriff am 12.04.17 über http://www.chronischkrank.ch/wp-content/uploads/2016/09/Artikel-PSC_1-2-10-Initiative-_1i4703z6.pdf